AF460487

1890 6 juin

Vente du Vendredi 6 Juin 1890,

HOTEL DROUOT, SALLE N° 3, A 2 HEURES

DESSINS ANCIENS

PRINCIPALEMENT

DE

L'ÉCOLE FRANÇAISE DU XVIIIe SIÈCLE

3 TABLEAUX ANCIENS

EXPOSITION PUBLIQUE

LE JEUDI 5 JUIN 1890

DE 1 HEURE A 5 HEURES 1/2.

COMMISSAIRE-PRISEUR
Me Maurice **DELESTRE**
27, rue Drouot.

EXPERT
M. Eug. **FÉRAL**, peintre
rue du Faubourg-Montmartre, 54.

IMPRIMERIE D. DUMOULIN ET Cie
Rue des Grands-Augustins, 5, à Paris.

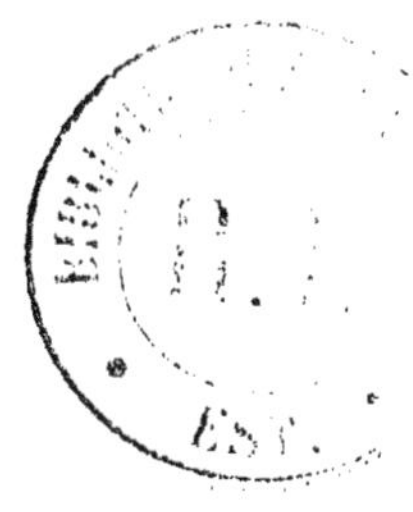

CATALOGUE

DE

DESSINS ANCIENS

IMPRIMERIE D. DUMOULIN ET Cie
Rue des Grands-Augustins, 5, à Paris.

Intimité, charme, gaieté, fraîcheur d'impression, toutes ces qualités, le dessin les possède. Laissons les tableaux, les œuvres définitives, aux musées, aux grandes demeures, et sachons borner nos désirs à ces confidences intimes de l'artiste, si pleines de saveur et de sans-façon. Le dessin est la base d'une collection chez le délicat, le régal du chercheur d'impressions neuves en fait d'art, qu'il aime à le laisser en portefeuille à l'abri des baisers trop ardents de la lumière et même des regards profanes, ou qu'il l'offre au grand jour, contraint par son mérite éclatant, avec son cadre ornementé et son verre protecteur; mais toujours il aura été recherché d'une élite, désireuse de saisir la pensée de l'artiste à son premier jet et d'en savourer les naïves incertitudes.

Les études d'après la nature des grands Italiens, les plumes précieuses des Hollandais, les fins crayons de nos Français du dix-huitième siècle furent tour à tour de mode. Mariette et Crozat, ces connaisseurs de marque, réunirent des premiers, par un savant éclectisme, les dessins des diverses écoles, laissant une large place

à leurs séduisants contemporains. Beaucoup les imitèrent; quelques-uns pourtant ont formé des cabinets de dessins exclusivement français.

Malgré la présence de quelques maîtres étrangers, c'est d'eux que se réclame surtout l'amateur de goût auquel on doit la réunion de dessins de choix qui vont, en se dispersant, aller égayer de leurs notes personnelles les cartons et les lambris des heureux acquéreurs.

Nul mieux que lui n'a su vibrer à la préciosité spirituelle d'un Saint-Aubin, apprécier la fougue savante d'un Hubert-Robert, la finesse et la fermeté d'un Marillier, la grâce d'un Moreau le jeune, la désinvolture élégante d'une étude de femme de Gravelot. Fragonard n'a pas fait de plus fin paysage que cette Chaumière dans des ruines, *et Saint-Non ne pouvait prendre pour son eau-forte un meilleur modèle que ces* Terrasses de la Villa d'Este. *Eisen a-t-il caressé d'un crayon plus suave ses dessus de boîtes, et Boucher mieux groupé ses paysanneries?*

Une vraie découverte que les trois Saint-Aubin donnant à souhait la note caractéristique de chacun des deux frères, rivaux dans l'art de dire avec esprit. Les aquarelles de Gabriel, le Poète mécontent *et* le Poète satisfait, *nous montrent, dans sa mansarde, le malheureux homme de lettres s'arrachant les cheveux en mal de composition, ou toujours aussi déguenillé, mais exul-*

tant d'avoir trouvé sa rime, plus riche que lui sans aucun doute, le tout d'une exécution aussi animée que chatoyante.

Mais la perle de la collection, le bibelot rare entre tous, enviable pour les plus difficiles, c'est la Marchande de châtaignes *d'Augustin de Saint-Aubin, délicieuse aquarelle de l'effet le plus inattendu, de l'exécution la plus fine et la plus spirituelle, quelque chose comme un Meissonier retouché par Fortuny. C'est une simple scène de la rue, mais rendue comme son frère Gabriel aurait seul pu le faire, et avec plus d'agrément encore; gravée par le chevalier de Paroy en une estampe recherchée, c'est un tout petit tableau d'un fini précieux, morceau unique dans l'œuvre du charmant artiste qui a dessiné* le Bal *et* le Concert.

Parmi les plus intéressantes pièces de la collection, il faut remarquer de savoureuses études de Cochin pour les Fables de La Fontaine. *Leur genèse est assez curieuse. On sait combien chez Oudry, l'excellent peintre d'animaux, le pinceau était d'un maniement large et libre, mais combien aussi les personnages étaient sommairement traités. Quand on eut l'idée d'utiliser la nombreuse série de ses dessins pour une édition de luxe des Fables, force fut de refaire les personnages pour les graveurs; Cochin se chargea de ce soin et s'en tira en grand artiste. On reverra ici une partie de ces crayons d'une facture aussi aisée que leur groupement en est heureux :* Le Fou qui vend la sagesse, le Laboureur et ses Enfants, *sont parmi les plus fermement dessinés.*

Et puis, des frontispices de Boucher et de Moreau! de fins portraits de Pujos et de Saint-Aubin, sans oublier l'intéressant groupe de Voltaire causant avec Madame Geoffrin, *par Carmontelle! Que de dessins faits en vue de l'illustration des livres, et signés de Marillier, comme les charmantes sépias lavées pour la* Philosophie de la Nature, *par Delisle de Sales ; ou signés de Desrais pour les* Aventures de Chéreas et de Callirhoé! *Quatre crayons de Gravelot, pour* Tom Jones, *sont du meilleur temps du maître de la vignette.*

Nous trouvons encore les noms de Portail, de Mongin, d'Augustin, de Hoin, de Leprince ; voire même de Nanteuil, sur un élégant portrait de jeune Seigneur à la perruque Louis-quatorzienne.

Enfin, Lavreince, l'un des plus agréables artistes du temps de Louis XVI, et l'un des plus prisés, est représenté par deux panneaux d'une exécution excellente : Ah! le joli petit Chien *et le* Petit Conseil *sont des tableaux charmants pour l'élégance du costume et l'intimité des sujets. Ils ont servi de modèles à Janinet pour deux de ses estampes en couleur, les plus rares et les plus réussies.*

Il ne manque pas ici, on le voit, de morceaux

précieux; mais les beaux dessins se font de plus en plus rares. Immobilisés dans les musées, ou fixés dans d'opulentes maisons, il y a peu de chance qu'ils en sortent désormais. Il a fallu tout un concours de circonstances pour faire partir d'Angleterre les trois séduisants dessins de Prudhon, pour Daphnis et Chloé. *Que les amateurs se hâtent donc, s'ils veulent profiter de la rare occasion qui leur est offerte!*

Nous savons que notre amateur, toujours épris des choses d'art auxquelles il est loin de vouloir renoncer, chercherait plutôt, maintenant, à satisfaire ses goûts dans la note ultra-moderne et fin de siècle. Certes, les Forain, les Rops, les Chéret, les Legrand, les Willette, les Béraud ont bien du talent. Retrouvera-t-il pourtant, dans ce nouvel avatar d'un âpre modernisme — qu'il me permette d'en douter — l'élégance facile, le parfum de bonne compagnie, l'esprit discret de nos amis, les maîtres-dessinateurs du dix-huitième siècle?

Baron Roger PORTALIS.

DÉSIGNATION

DESSINS ANCIENS

ALBERTI (Cherubino)

1 — *Le Génie de la Renommée.*

Beau dessin à la plume. Étude pour la gravure, qui a subi quelques variantes.

ANSELIN

2 — *Portrait d'homme.*

Fin dessin à la mine de plomb, rehaussé de sanguine. Signé : Anselin, 1776. Il est collé dans un cartouche gravé formant couronne de roses. Épreuve avant la lettre.

AUGUSTIN

3 — *Portrait de Mlle La Grave.*

Préparation pour une miniature. Au crayon noir estompé. Ce dessin et le pendant sont de la même facture que ceux du musée du Louvre.

4 — *Portrait de Mlle Martin.*

Portrait de petite fille; même qualité.

BÉRAIN

5 — *Cavalier en grand costume.*

Crayon noir et sanguine.

BOILLY (L.)

6 — *Jeune femme, la poitrine nue, ouvrant sa porte.*

Crayon noir et estompe. Encadré.

BOILLY (J.)

7 — *Enfant couché.*

Crayon noir estompé et rehaussé de blanc.

BON GENRE (LE)

8 — *Modes françaises et anglaises.*

Aquarelle. A été gravé sous le n° 74.

BOOM (VAN)

9 — *Grands arbres. Au fond, village sur une colline.*

Encre de Chine. Signé : V. Boom f. 1652.

BOUCHARDON

10 — *Guerrier nu, assis, un glaive à la main.*

Très fin dessin, à la sanguine.

BOUCHER (FRANÇOIS)

11 — *Bergère caressant son mouton.*

Plume et bistre.

12 — *Tête de femme coiffée d'un madras.*

A la sanguine.

13 — *Études de têtes et de mains d'enfants.*

Au crayon noir, sur papier gris.

BOUCHER (François)

14 — *Triton.*

Belle étude, au crayon noir rehaussé de blanc.

15 — *Le Repos des Moissonneurs.*

Composition à la plume, rehaussée de bistre d'un ton très fin. Cadre en bois doré et sculpté, époque Louis XVI

16 — *L'Adoration des Bergers.*

Importante composition à la sanguine, dans un très beau cadre en bois sculpté et doré, époque Louis XIV.

17 — *Repos de Bergères.*

Au bistre, rehaussé de blanc gouaché.

18 — *Le Monument de Saint-Sulpice.*

Composition semi-religieuse où les trois vertus théologales sont personnifiées par de jolies filles. A été gravé par Duflos, en tête d'un ouvrage de Piron. Plume et encre de Chine. Cadre ancien en bois sculpté et doré, époque Louis XVI.

CALLOT

19 — *Cheval et chiens.*

A la plume.

CALLOT

20 — *Bataille.*

A la plume. En haut, on lit : « Voions qui en aura. »

CANALETTI

21 — *Vues de Venise.*

Deux dessins, à la plume, rehaussés d'encre de Chine.

CARMONTELLE

22 — *L'Amant auteur et valet.*

Frontin. — « De Toulon à Marseille et de Marseille, etc. »

Léandre. — « Tu viens de me faire perdre peut-être la plus jolie pensée. »

Deux curieuses et fines aquarelles.

23 — *Portraits de Voltaire et de Mme Geoffrin faisant de la tapisserie.*

Bon et intéressant dessin, aux crayons rouge et noir, rehaussé d'aquarelle.

CHAUVEAU

24 — *La Coiffure du mari.*

Très curieuse vignette, à la plume et à l'encre de Chine. Cadre ancien.

CHOFFARD (P. P.)

25 — *Un Jeune seigneur se jette aux pieds d'une dame.*

Fine vignette, à la plume et à l'encre de Chine. Cadre ancien en bois.

COCHIN (C. N.)

26 — *Portrait d'homme, de profil à gauche.*

Mine de plomb rehaussée de sanguine. Signé et daté 1773. Forme ronde.

27 — *L'Agneau pascal. L'Étoile des Bergers. Le Saint-Esprit.*

Trois dessins, à la sanguine, pour le Bréviaire de Versailles.

28 — *Guirlande d'amours soutenant des portraits.*

A la sanguine. Frontispice. A été gravé.

COCHIN (C. N.)

29 *École de dessin.*

Intéressante étude, au crayon noir estompé.

30 — *La Joueuse.*

A la mine de plomb. Signé et daté.

31 — *Le Fou qui vend la Sagesse.*

32 — *Le Laboureur et ses enfants.*

33 — *La Vieille et les deux servantes.*

34 — *L'Huître et les Plaideurs.*

35 — *Le Lion amoureux.*

36 — *Les Dieux voulant instruire le fils de Jupiter.*

37 — *L'Ingratitude et l'injustice des hommes envers la fortune.*

38 — *L'Homme et la puce.*

Beaux dessins, à la mine de plomb. Ils ont été exécutés par Cochin d'après les croquis d'Oudry, trop lestement en-

2

levés pour guider suffisamment les graveurs, et ce sont eux en réalité qui sont reproduits dans l'édition in-fol. des *Fables* de La Fontaine, de 1775. Voir : Jombert, *Catal. de l'œuvre de C. N. Cochin fils*, Paris 1770; Portalis et Béraldi, *les Dessinateurs d'illustrations au dix-huitième siècle*, p. 103; La Fontaine, *Fables*, préface de l'édition in-fol. de Desaint et Saillant, 1775 (par M. de Montenault); E. de Goncourt, *l'Art au dix-huitième siècle*, 1882, 2e série, p. 446, etc.

COCHIN (C. N.)

39 — *Belphégor.*

40 — *La Matrone d'Éphèse.*

Deux beaux dessins, à la mine de plomb. Ils ont été gravés dans le même ouvrage.

DANLOUX

41 — *Tête de paysanne coiffée d'un grand bonnet.*

Au crayon noir. Ovale.

DESPORTES

42 — *Chienne braque, en arrêt.*

Encre de Chine.

DESRAIS

43 — *Les Aventures de Chéréas et de Callirhoé.*

Huit dessins, au crayon noir, rehaussés de blanc. Il ont été gravés par Chatelain et Marchand en 1775, dans le roman de Fallet, portant ce titre.

44 — *Danses rustiques.*

Beau dessin, à la terre de Sienne brûlée. Ovale. Cadre ancien, Louis XVI, en bois sculpté et doré.

DUPLESSIS-BERTAUX

45 — *Un Officier lit, assis sur un banc, tandis qu'une jeune femme ratisse devant lui.*

Fine vignette, à la mine de plomb, pour le frontispice d'une comédie. Signée. On lit, au bas :

Haïr est une folie
Aimer voilà le vrai bien,
Non, non, jamais dans la vie
Il ne faut jurer de rien!

46 — *Scène de la Révolution.*

Plume et encre de Chine.

DURER (École d'ALBERT)

47 — *Homme accroupi soufflant le feu. Au revers : Étude de draperie.*

A la plume. Étude pour une des figures des *Horæ beatæ Mariæ Virginis*, de Thielman Kerver, gravées sur bois au milieu du seizième siècle.

DUSART (CORNELIS)

48 — *Patineur.*

49 — *Patineuse.*

Deux beaux dessins, à l'encre de Chine. Signés et datés 1694.

ÉCOLE ANGLAISE

50 — *Tête de jeune homme imberbe.*

Estompe et sanguine.

EISEN

51 — *Le Pardon.*

Vignette, à la mine de plomb, sur vélin. A été gravé. Cadre ancien en bois sculpté.

EISEN

52 — *L'Amour endormi. — La Seine. — Léda. — Danaé.*

Quatre petits dessins ronds, très fins, rehaussés d'aquarelle, dans un cadre ancien en bois sculpté. Ont été gravés par Janinet.

FOKKE

53 — *Une École de médecine.*

Joli dessin, à la plume et au bistre. A été gravé comme frontispice d'un livre sur la médecine.

FRAGONARD (Honoré)

54 — *Le Triomphe de Silène.*

Plume et bistre; forme ovale.

55 — *Vue des jardins de Tivoli.*

Beau dessin, à la sanguine, avec groupe de personnages. A été gravé par Saint-Non.

56 — *Les Terrasses de la ville d'Este.*

Important dessin, à la sanguine, avec personnages. A été gravé par Saint-Non.

FRAGONARD (Honoré)

57 — *Une Chaumière dans les ruines.*

Très beau dessin rehaussé d'aquarelle. A été gravé dans le récent ouvrage publié par le baron Portalis.

GILLOT

58 — *L'Indifférent.*

Sanguine. Costume de comédie.

59 — *Jeune femme lorgnant.*

Sanguine. A été gravé.

60 — *Un Gueux.*

Crayon noir et sanguine.

GOLTZIUS (Hubert)

61 — *Hercule supportant le monde.*

A la plume, rehaussé de bistre et d'aquarelle.
Fin et important dessin pour un modèle de gemme

61 bis — *Jupiter, Mercure, Apollon, Mars, Saturne, Vénus, Junon.*

Sept dessins, plume et bistre, rehaussés de carmin.
Ils ont été gravés.
Cadres anciens, dont deux du XVIe siècle, en cuivre repoussé et doré.

GOYEN (Van)

62 — *Bateaux naviguant sur un fleuve en vue d'un coteau.*

Crayon noir rehaussé de blanc.
Cadre ancien en bois doré.

63 — *Bateaux à voile, en mer.*

Crayon noir.

64 — *Auberge.*

Petit dessin, plume et bistre.

GRAVELOT (Hubert)

65 — *Jeune femme s'évanouissant.*

Belle étude, au crayon noir rehaussé de blanc.

66 — *Jeune femme assise.*

Belle étude, largement traitée.
Cadre ancien en bois sculpté et doré, époque Louis XIV.

67 — *Tom Jones.*

Quatre fins dessins, à la mine de plomb. Ils ont été gravés dans l'édition de 1765. Deux beaux cadres anciens en bois sculpté et doré. Collection Mahérault.

68 — *Jeunes femmes jouant à la paume.*

Trois jolis croquis, au crayon noir.

GREUZE

69 — *Tête de jeune femme attristée.*

Très beau dessin, à l'estompe, rehaussé de sanguine.

GUARDI

70 — *Vues de Venise.*

Quatre dessins, à la plume, rehaussés d'encre de Chine et animés de spirituels petits personnages.

HOIN ET DUTERTRE

71 — *Mlle Dugazon, dans le rôle de Babet.*

72 — *Portrait d'une tragédienne. (Mlle Dumesnil ?)*

Deux jolies gouaches, dont une a été gravée en couleur par Janinet.

HOREMANS

73 — *Bourgeois passant son habit.*

74 — *Étude de jeune femme debout.*

Bons dessins, à la sanguine. Cadres Louis XVI, en bois sculpté et doré.

HOUBRAKEN

74 *bis* — *Philémon et Baucis.*

Vignette. Plume et encre de Chine.

HUET (J. B.)

75 — *Cour de ferme, avec enfants.*

Crayon noir et encre de Chine. Signé et daté 1784.

HUET (J. B.)

76 — *Paysage avec personnages dansant.*

Grande et très franche aquarelle.

JEAURAT

77 — *Jeune marchande.*

Belle étude, au crayon noir rehaussé de sanguine.

JORDAENS (J.)

78 — *Jeune femme présentant deux petits enfants à leur grand'mère.*

Au crayon noir, rehaussé d'aquarelle. Collection Lagoy.

LANCRET

79 — *Étude de femmes se déshabillant pour le bain.*

Sanguine.

LECLERC (Sébastien)

80 — *Une Ville se donne à la France que couronne un génie.*

Petit médaillon rond, à la sanguine.

LEPRINCE (Xavier)

81 — *Départ pour la chasse au marais.*

Sépia.

LÉPICIÉ

82 — *Les Joueurs de boules.*

Crayon et sépia.

83 — *Tête d'enfant coiffé d'un bonnet.*

A la pierre d'Italie.

LE PRINCE

84 — *La Toilette de la Sultane.*

A la mine de plomb, sur vélin. Cadre ancien en bois sculpté et doré.

LIOT

85 — *Personnages de ballet.*

Quatre curieux costumes, dont un de femme, à l'aquarelle. Ont été gravés.

MARILLIER

86 — *Femme pleurant sur une tombe. A terre, la Mort.*

Frontispice. Plume et sépia. Signé.

87 — *Fleurons formés d'amours et colombes. Guirlandes de roses et vases, avec médaillon représentant les trois Grâces.*

Deux fins et gracieux dessins, à la mine de plomb.

88 — *Les Amours vendangeurs.*

A la plume et au bistre, pour un cul-de-lampe.

89 — *Rosalie.*

Très beau dessin, à la plume et à la sépia. A été gravé comme frontispice d'une Nouvelle de Baculard d'Arnaud.

MARILLIER ET MONNET

90 — *La Philosophie de la Nature.*

Dix-huit dessins dont quinze de Marillier, à la sépia, et trois de Monnet à la mine de plomb, pour l'illustration de l'ouvrage de Delisle de Sales. Les dessins de Marillier représentent, d'après l'explication imprimée en tête de l'ouvrage, les sujets suivants :

1 — *Frontispice.* — La Philosophie, d'une main écarte

le voile qui couvre la nature et de l'autre présente le flambeau de la vérité au fanatisme, qui ferme les yeux pour ne point être ébloui.

2 — Epiménide, dans sa grotte, écrit en rêvant ses conjectures sur l'origine des choses.

3 — Zénon, Platon et Epicure font un traité d'alliance aux pieds de la statue de la Vertu.

4 — Jenni, qui avait acheté par son opprobre la grâce de son époux, ayant demandé au colonel à le voir, celui-ci entr'ouvre une fenêtre et le montre suspendu au gibet : Jenni tombe morte au pied du lit nuptial qu'elle venait de profaner.

5 — Orondal, qui a conduit sa fille auprès d'un monument funèbre environné de cyprès, lui présente l'urne qui renferme la cendre de son épouse. Zima l'embrasse avec attendrissement et s'écrie : « O nature ! ranimeras-tu un jour cette cendre ? » Orondal répond : « Peut-être. »

6 — L'hermaphrodite Tirésias, calomnié par des courtisanes et des prêtres, est condamné par l'Aréopage Il répond à la sentence des juges : « Je consens à être aveugle ; je ne verrai point les hommes. »

7 — L'Eunuque Narsès paraît dans l'attitude d'un homme plongé dans le désespoir ; on voit sur la table la quenouille que l'impératrice Sophie vient de faire tenir à ce vice-roi ; un aveugle qu'il veut envoyer aux ennemis de l'État pour les introduire dans Rome, lui re-

proche l'atrocité de sa vengeance. « Qui es-tu, dit l'eunuque pour maudire Narsès ? » L'aveugle répond : « Je suis Bélisaire. »

8 — Un citoyen est traîné sur la claie pour le crime de suicide; on a forcé sa veuve d'assister avec ses enfants à ce spectacle.

9 — Socrate va boire la cigue; Platon, Criton et les autres philosophes l'environnent; l'impétueux Alcibiade y paraît en opposition avec le froid Philoxène.

10 à 15 — Six fleurons allégoriques, gravés en tête de chaque volume.

Les trois dessins de Monnet sont les suivants :

16 — Pythagore, à qui la nature entière a paru animée, veut graver sur un rocher les scènes dont il vient d'être témoin; le rocher s'anime encore sous le burin qui le mutile et le philosophe recule de surprise.

17 — Le lieu de la scène est une anse de la mer d'Afrique, à l'embouchure du Sénégal : un homme marin arrache une huître du rocher; un nègre blanc épie l'amphibie pour lui lancer son filet, et Newton abandonne sa lecture pour les instruire tous. On lit au bas de la gravure : « Quel est le droit du plus fort ?... C'est... c'est ce qui fait que je te mange. »

18 — L'intérieur du cabinet de Leibnitz. On y voit Charles XII, qui converse avec le philosophe sur la liberté; le roi est debout. On lit au bas de la gravure : « Un roi n'est qu'un homme dans le cabinet de Leibnitz. »

Tous ces dessins sont d'un fini précieux et de la meilleure époque des deux maîtres. Ils sont encadrés, et plusieurs dans de beaux cadres anciens en bois sculpté et doré.

MIÉRIS (Wilhem)

91 — *Frontispice du traité* **De re venatica scriptores.**

Charmante composition, à l'encre de Chine. A été gravée. Cadre ancien en bois sculpté et doré.

MIRBACH

92 — *Le Château de Radstadt.*

Animé de voitures et personnages.
Plume et bistre.

MONGIN

93 — *Scène dramatique sur un navire.*

94 — *Scène dramatique dans une forêt.*

Deux fines vignettes, à l'encre de Chine. Ont été gravées par Malapeau et Ponce comme frontispices de la *Philosophie du Bonheur*, par Delisle de Sales.

MOREAU (L. M.) le Jeune.

95 — *La Vérité chez le Sultan.*

Beau dessin, au bistre. A été gravé comme frontispice des *Fables nouvelles* d'Imbert.

96 — *Monument public.*

Beau dessin, très pur, de la première manière du maître, animé de nombreux et spirituels petits personnages.

97 — *Vue d'un château, avec carrosse et personnages.*

Aquarelle rehaussée de gouache.

MOREAU (Louis)

98 — *La Rivière de Trianon.*

Belle et importante gouache avec petits personnages.

NANTEUIL (Robert)

99 — *Portrait d'un jeune prince portant une longue perruque et cuirassé.*

Très beau dessin, rehaussé de pastel. Cadre ancien en bois sculpté et doré.

NICOLLE

100 — *Vue de la Seine et du Louvre, au pont des Arts.*

Très belle et intéressante aquarelle.

101 — *Le Pavillon de Flore.*

Crayon et sanguine.

OSTADE (Isaac Van)

102 — *Tabagie en plein air. Dans le fond, une voiture de foin.*

Belle et spirituelle composition, à la plume et à l'encre de Chine.

OUDRY

103 — *Études de parcs.*

Crayon noir rehaussé de blanc, sur papier bleu. Trois dessins.

PARROCEL

104 — *Officier des mousquetaires.*

Sanguine. Collection Woodburn.

PATER (N.)

105 — *Étude de jeune femme.*
Sanguine.

PORTAIL

106 — *Jeune femme lisant à la lumière.*

Au crayon noir rehaussé de sanguine. Cadre Louis XVI ancien en bois sculpté et doré.

PUJOS

107 — *Portrait de Delisle de Sales.*

A la pierre d'Italie. Signé. A été gravé.

PUNT

108 — *La Meuse et l'Escaut.*

Dessin à la plume et à la sépia, rehaussé de blanc. A été gravé. Signé et daté.

ROBERT (HUBERT)

109 — *Le Passage du gué.*

Beau dessin, à la sanguine. Signé.

Beau cadre ancien en bois doré, orné d'un nœud de ruban.

ROBERT (Hubert)

110 — *Fontaine dans un parc, avec personnages.*

Beau dessin, à la sanguine, dans un très beau cadre ancien en bois sculpté et doré de l'époque de la Régence.

111 — *Une arche de pont, surmontée d'une charmille, barques et personnages.*

Aquarelle.

ROSLIN

112 — *Buste de jeune fille coiffée d'un bonnet, le corsage orné d'un bouquet de roses.*

Gracieux dessin, à la mine de plomb.

RUYSDAEL (Jacques)

113 — *Chaumière protégée par une haie d'épines.*

Au crayon noir.

114 — *Grands arbres au bord d'un fleuve.*

Encre de Chine. Collection Gasc.

SAINT-AUBIN (Augustin de)

115 — *Portrait présumé de Gabriel de Saint-Aubin.*

Pierre d'Italie rehaussée de sanguine. Forme ronde. Profil à gauche.

116 — *Portrait de Bitaubé.*

Très beau dessin, aux trois crayons.

117 — *Portrait de jeune femme.*

Fin dessin au crayon noir, rehaussé d'aquarelle. Cadre ancien en bois sculpté et doré.

118 — *Le Livre nouveau.*

Spirituelle composition, à la plume et à la sépia.

119 — *La Marchande de châtaignes.*

Un jeune homme, en tricorne et vêtement rouge, tient des propos galants à la jeune marchande légèrement interdite, pendant que sa mère dort accroupie. Deux bambins, pendant ce temps, cherchent à se hisser à hauteur du fourneau où rotissent les châtaignes. Dans le fond, des manants dansent autour d'un feu de joie.

Superbe gouache, d'une franchise d'exécution et d'une fraîcheur exceptionnelles. Elle a été gravée au dix-huitième siècle par un anonyme qui signe : le chevalier de P... Cette eau-forte charmante a probablement été fortement retouchée par Saint-Aubin lui-même.

Beau cadre en bois sculpté de l'époque Louis XVI.

SAINT-AUBIN (Gabriel de)

120 — *Scène de ballet.*

A la sanguine. Cinq personnages.

121 — *Jeux d'enfants, violon, etc.*

Bon croquis, au crayon noir.

122 — *Le Poète mécontent.*

123 — *Le Poète satisfait.*

Deux superbes dessins, aquarelle et gouache, de la plus brillante exécution du maître. Ils ont figuré dans la collection Paignon-Dijonval et provenaient du cabinet de M. Morel de Vindé.

SAINT-JEAN (ou Bonnard)

124 — *Dame de qualité, au dix-septième siècle.*

A l'encre de Chine, gouaché de blanc sur papier bleu. Beau costume. A été gravé.

STORCK

125 — *Navires à l'ancre devant un palais.*

Plume et encre de Chine. Signé.

SUEUR (LE)

126 — *Six vignettes, pour illustrer une histoire de Brandebourg.*

Jolis dessins, à la sanguine, avec cartouches décoratifs, dans un cadre Louis XVI, doré et ancien.

SWEBACH

127 — *Cavaliers et amazones.*

Quatre dessins à la mine de plomb.

VAN LOO (CARLE)

128 — *Portrait de Louis-Philippe d'Orléans.*

Étude aux trois crayons rehaussés de pastel.

VELDE (ADRIEN VAN DE)

129 — *Diane découvrant la grossesse de Calisto.*

Importante composition à l'encre de Chine. Signée du monogramme. Collection de Ploos Van Amstel, graveur hollandais du dix-huitième siècle, célèbre par ses fac-similé de dessins. On lit au dos plusieurs mentions de sa main.

VERNET (JOSEPH)

130 — *Études d'hommes et de femmes.*

Plusieurs croquis à la pierre d'Italie rehaussés de blanc sur papier gris, représentant surtout des femmes demi-nues ans des attitudes diverses.

WATTEAU (Antoine)

130 bis *Femme assise. — Homme lançant une pierre. — Soldats couchés.*

Deux croquis à la sanguine et une contre-épreuve.

WOUWERMANS (Philippe)

131 — *Le Manège en plein air.*

A l'encre de Chine. Signé en haut du monogramme. Vente de Beurnouville. Cadre ancien en bois sculpté.

ÉCOLE FRANÇAISE

132 — *On ne s'avise jamais de tout.*

Spirituelle composition à la mine de plomb et à la sépia, rehaussée de blanc.

TABLEAUX

LAVREINCE (N.)

133 — *Le petit Conseil.*

Une jeune femme, assise devant une petite table où elle écrit, délibère avec son amie restée debout, sur les termes d'une lettre qu'elle est en train de rédiger.

134 — *Ah ! le joli petit chien !*

Une jeune femme accueille par ce cri de surprise, une amie qui vient lui faire visite, portant dans son bras un délicieux *bichon.*

Ces deux charmantes compositions, qui ont été réduites et gravées en couleur par Janinet, sont dans un parfait état de conservation. Peinture sur bois.

ÉCOLE ANGLAISE

135 — *Comédiens dansant dans le vestibule d'un théâtre.*

Spirituelle composition et jolie peinture d'un coloris très fin, largement enlevée. Cadre Louis XV, en bois sculpté et doré.

DESSINS D'ORNEMENTS

BABEL

136 — *Encadrement champêtre.*

Plume et encre de Chine.

BANTEL (Jean-Christophore)

137 — *Aiguières et surtouts.*

Encre de Chine. — Orfèvrerie de style rocaille; trois dessins.

BÉRAIN

138 — *Porte flanquée de fenêtres ornées d'arabesques.*

Plume et encre de Chine.

BOFFRAND

139 — *Bibliothèque.*

Deux dessins, rehaussés d'aquarelle.

BOUCHARDON

140 — *Lions jouant.* 1766.— *Humanitas.* 1758.

Deux fins dessins, à la sanguine, de forme ronde.

CAUVET

141 — *Lits, porte, buffet.*

Six dessins, à l'encre de Chine.

142 — *Appliques à deux branches.*

Magnifique dessin, au crayon noir.

143 — *Lit avec dais.*

Encre de Chine.

144 — *Pendule.*

Crayon noir.

145 — *Rampe d'escalier.*

Deux dessins, crayon noir et encre de Chine.

CHOFFARD

146 — *Armoiries entourées de trophées de drapeaux, instruments de musique, etc.* — *Guitare et trompette.*

Deux dessins, à l'encre de Chine.

CORNILLE

147 — *Chaire aux armes de Marie-Antoinette.*

DELAFOSSE

148 — *Rondache avec une tête au centre.*

Plume et bistre.

149 — *Mascaron formé d'une tête coiffée d'un casque avec chimère.*

Très beau dessin, au bistre.

DEMONTIGNY

150 — *Études de vases.*

Plume et bistre.

DUMONT

151 — *Plan et coupe d'un projet de salle de concert.*

Encre de Chine.

FRAGONARD (H.)

152 — *Vases antiques. Fragments de plafonds de la villa Pamphili et autres.*

Deux dessins, encre de Chine et sépia.

ISABEY

153 — *Rampe de l'escalier du château de Vaudeleville.*

Aquarelle. — 1818.

LALONDE

154 — *Modèle de poêle.*

Plume et encre de Chine.

LARUE

155 — *Jeux d'amours.— Scènes mythologiques.*

Quatre dessins, plume et bistre, pour dessus de boîtes.

NILSONN

156 — *Scène et décor d'opéra.*

Crayon noir. — A été gravé.

156 bis *Décoration intérieure d'un salon.*

Deux très beaux dessins à l'encre de Chine.

PEYROTTE

157 — *Paysage avec personnage.*

Croquis, au crayon noir.

158 — *Livre de paysages.*

Beau dessin gouaché, pour un titre.

159 — *Panneau chinois.*

Gouache.

PRIEUR

160 — *Fragments d'arabesques.*

Deux dessins, encre de Chine et bistre.

RANSON

161 — *Arabesque en hauteur.*

Aquarelle.

ROY

162 — *Perspective et décoration.*

Cinq dessins, plume et encre de Chine. — Ont été gravés

163 — ***Trois dessins par Choffard, Fragonard, etc.***

Sanguine et encre de Chine.

ÉCOLE FRANÇAISE DU XVIIIe SIÈCLE

164 — *Modèles de canons.*

Crayon noir.

165 — *Attributs pastorals (sic).*

Trois dessins de trophées, à la plume.

166 — *Décoration extérieure de la façade d'un château.*

Plume et encre de Chine, rehaussé de bistre.

ÉCOLE FRANÇAISE (Période révolutionnaire)

167 — *Arabesques en hauteur.*

Deux beaux dessins, aquarellés. — Ont été gravés et publiés chez Vandel, en 1792.

ÉCOLE FRANÇAISE (Style empire)

168 — *Décoration intérieure d'un luxueux hôtel, vestibule, salle à manger, salon, etc.*

Douze dessins, à l'encre de Chine.

169 — *Sous ce numéro, quelques dessins non catalogués de maîtres français et flamands.*

www.ingramcontent.com/pod-product-compliance
Ingram Content Group UK Ltd.
Pitfield, Milton Keynes, MK11 3LW, UK
UKHW020448180726
13839UKWH00004B/1693